PORTRAITS HISTORIQUES
Au dix-neuvième Siècle
2ᵉ SÉRIE.

— 29 —

LE
PÈRE FÉLIX

PAR HIPPOLYTE CASTILLE

Auteur de

La Seconde République (1848 à 1852) et de l'Histoire de Soixante Ans

AVEC PORTRAIT ET AUTOGRAPHE

Prix : 50 centimes

PARIS

E. DENTU, LIBRAIRE-ÉDITEUR

PALAIS-ROYAL, 13, GALERIE D'ORLÉANS

1861

LE R. PÈRE FÉLIX

E. DENTU, Lib Edr 13 Galerie d'Orléans Pal. Royal.

LE

PÈRE FÉLIX

PARIS. — IMP. DE L. TINTERLIN ET Ce

3, RUE NEUVE-DES-BONS-ENFANTS, 3

PORTRAITS HISTORIQUES

Au dix-neuvième siècle.

2ᵉ SÉRIE.

—— 29 ——

LE

PÈRE FÉLIX

PAR HIPPOLYTE CASTILLE.

PARIS

E. DENTU, ÉDITEUR

Palais-Royal, galerie d'Orléans, 13 et 17.

1861

LE PÈRE FÉLIX

Aucune collection biographique ne parle du P. Félix, aucun journal légitimiste et religieux n'a dit son histoire. Les amis du célèbre prédicateur se taisent mystérieusement lorsqu'on les questionne à son sujet, ou bien ils répondent avec un sourire : « Le bon Père jésuite n'aime point qu'on s'occupe de lui, l'humilité chrétienne lui tient à cœur. »

De sorte qu'on ignore où il est né, quel âge il a, comment il est venu, a grandi, et fait éclater enfin sa voix sous les voûtes de Notre-Dame. On sait quel catholique il est, mais on ne sait point quel homme. Nul ne s'est mieux caché que lui et n'a dérobé à la curiosité profane, avec un soin plus jaloux, les côtés intimes de la vie ecclésiastique.

Même en chaire, c'est à peine si on l'entend. L'humilité le voile partout. « Je suis timide et je tremble devant un enfant, » a-t-il dit lui-même. Aussi ne violenterons-nous pas cette timidité et laisserons-nous aux murs des maisons des R. P. à Paris et à Rome les secrets que seuls ils possèdent sur « ce bon Père jésuite » inconnu et mystérieux.

Les catholiques laissent d'ailleurs les biographies sorties d'une plume *non-con-sacrée,* et ils se réservent pour eux seuls les traits des figures de leurs hommes illustres, non afin de les réunir dans le but d'un impartial jugement historique, mais pour en tirer des éléments d'atta-que et de combat.

Ils n'ont rien révélé sur ces Conférences privées et passionnées, où les plus
illustres de leurs combattants, les Ravi-
gnan, les Lacordaire, les Dupanloup,
les Félix et leurs auxiliaires laïques,
parmi lesquels brilla un moment l'espa-
gnol Donoso Cortez, apportaient leurs
plans, leurs désirs, leurs illusions, leurs
colères, leurs divergences, mais préparaient en commun sous l'œil de la cour
de Rome, livres, discours, brochures et
prédications, disciplinant leurs efforts
avec une habileté qui en doublait l'im-
pulsion.

Quoi qu'il en soit de cet aspect du
catholicisme sous le manteau de la che-
minée, puisqu'il y a de bonnes rai-
sons pour que le parti ferme herméti-
quement ses portes et ses fenêtres pour
qu'on ne voie pas ce qui se passe dans
ses petits appartements, nous aborde-
rons seulement le rôle public du P.

Félix, et ce rôle excitera suffisamment
d'intérêt.

La vie intime du bon Père jésuite, la
recherche des degrés par où il est arrivé
à la chaire de Notre-Dame, n'auraient
peut-être rien de curieux. Toutes les
biographies des prêtres se ressemblent
comme toutes les biographies des sol-
dats. Dans les camps et dans l'Église, la
discipline conduit par une seule route
tous les tempéraments divers, et les con-
traint à ne revêtir qu'une seule façon
d'être.

Il ne faut pas enlever son mystère au
P. Félix. Ce sera sa singularité à une
époque où les hommes semblent vivre
dans des maisons de verre. Ce mystère
ne s'accorde-t-il pas d'ailleurs avec la
tradition légendaire de la Compagnie de
Jésus, telle que s'est plu à la créer l'i-
magination populaire ? Le seul danger
auquel eût pu être exposé le P. Félix,

par les voiles dont il s'entoure, aurait
été de devenir la proie d'Eugène Sue,
si la célébrité s'était attaché à lui quinze
ans plus tôt. Et c'eût été d'autant plus
fâcheux , que le bon Père jésuite ,
comme l'appellent ses amis, ne l'aurait
pas mérité.

Ce fut l'année 1855 qui décida de la
renommée du prédicateur. Depuis quatre
ans déjà, le Père Félix occupait la chaire
de Notre-Dame, et sa voix n'avait pas
encore dominé les échos vibrants de l'é-
loquence emportée du P. Lacordaire
et de l'onction émue du P. de Ravi-
gnan. On le connaissait, parmi les catholiques purs, pour un homme de
talent, mais sa parole ne s'était pas po-
pularisée, étendue au delà du cercle ha-
bituel des Conférences.

En 1855 avait lieu l'Exposition universelle des beaux-arts et de l'industrie.
A la vue du pèlerinage des « hommes

du siècle, » vers ce temple de la matière, en comparant la foule qui assiégea
pendant plusieurs mois le palais des
Champs-Élysées, à la foule moins pres-
sée qui venait aux églises, le Père Félix
se sentit pris de tristesse et de colère.
La jalousie de Jésus-Christ s'éveilla en
lui contre le progrès, ce rival nouveau
et triomphant de Dieu. Nous employons
à dessein ces termes étranges qui se
rapprochent de ceux qu'affectionne l'é-
loquent jésuite, et qui expriment les
sentiments des catholiques, selon la
phraséologie particulière qu'emploient
ceux-ci.

Le P. Félix conçut le dessein de ven-
ger Jésus-Christ du progrès, en absor-
bant le progrès dans Jésus-Christ, c'est-
à-dire de détruire l'erreur du faux
progrès, en démontrant que le progrès
ne pouvait exister en dehors du christianisme, venait du christianisme, et

que toutes les merveilles de l'Exposition universelle ne montraient qu'un seul grand fait : une lamentable décadence et non pas le progrès.

L'idée fut élaborée, développée en un vaste sujet méthodique. Le P. Félix la débattit avec ses célèbres amis, avec Donoso Cortez surtout ; ils l'encouragèrent, discutèrent avec lui l'ordonnance du sujet, et remplirent le prédicateur de confiance. Il fut préparé à commencer dès les Conférences du carême de 1856, et soumit son projet à Monseigneur Sibour, qui l'approuva vivement. L'archevêque de Paris lui donna sa bénédiction en l'accompagnant de ces mots : « Allez, ne craignez pas, je vous bénis, vous et votre sujet. » Le Père jésuite, dans son humilité qui ne le quittait jamais, avait témoigné à l'archevêque la crainte de s'être chargé d'un fardeau trop lourd.

—« Je ne suis pas assez éloquent, pas assez grand chrétien, pas assez saint pour traiter avec autorité un si grand sujet, » avait-il exposé à son supérieur.

Peut-être cet encouragement de l'archevêque : je vous bénis vous et votre sujet, manque-t-il de grandeur oratoire, mais il raffermit le P. Félix.

Celui-ci était d'ailleurs poussé en avant par la conviction de sa hardiesse et de la nouveauté de sa tentative. Une sorte de défi public l'excitait. « J'ai entendu, dit-il à ses auditeurs en commençant, exprimer l'opinion qu'il serait impossible de prêcher sur le Progrès dans une chaire catholique. »

Il voulut prouver qu'on se trompait. « J'ai cru répondre à un appel de Dieu, annonce-t-il à ceux qui l'écoutaient, il me semble que Jésus-Christ m'a dit dans le silence cette grande parole qui donne aux apôtres, avec la mission, le courage et l'efficacité : *Ite*, allez, allez dire à ces hommes passionnés pour le progrès, que le progrès c'est moi. »

Voilà comment il se fit que la voix faible et d'une tonalité désagréable d'un petit jésuite maigre, pâle, chétif et tremblant, perça les murs de la cathédrale pour se répandre dans Paris et frapper les esprits. On vint se presser pour entendre ce hardi et frêle prédicateur qui tentait d'arracher le progrès au rationalisme, à l'industrialisme, à la révolution, au dix-neuvième siècle, pour le rendre au christianisme, ainsi qu'il développait le thème de ses conférences.

Le progrès par le christianisme, tel est donc le sujet de la prédication à laquelle le P. Félix paraît avoir voué sa vie, car il poursuit cette œuvre depuis cinq ans, et elle n'est pas terminée.

Le rôle d'orateur catholique est fort difficile, le champ de l'éloquence catho-

lique est resserré et on ne peut voir sans
intérêt les efforts par lesquels les orateurs parviennent à introduire des thèmes
nouveaux parmi les redites forcées qu'en-
traînent l'apologie et la démonstration
du christianisme.

Les Conférences de Notre-Dame furent
fondées par Mgr de Quélen, dans un but
particulier. Partout ailleurs le prédicateur s'adresse à une foule qui est censée
pénétrée, convaincue des vérités chrétiennes et avec laquelle on ne discute
pas, à laquelle on n'explique pas, mais à
laquelle on impose la parole de l'Église.
Dans ces Conférences, au contraire, on
s'adresse à l'auditoire comme s'il était
étranger ou presque étranger aux vérités
chrétiennes pour le convaincre et lui démontrer. Voilà pourquoi la chaire de
Notre-Dame est réservée aux orateurs
chrétiens les plus illustres, pourquoi elle
a tant d'éclat, et pourquoi fidèles, indif-

férents et même adversaires s'y portent
enthousiastes ou curieux.

S'ils ont des désavantages , c'est-à-
dire le manque de variété, des formules
vagues, des idées d'une seule espèce,
les orateurs chretiens ont aussi de
grands avantages : une autorité qui
leur fait s'attribuer le droit de parler au
nom de la vérité, tandis qu'on leur ré-
pond au nom de l'hypothèse et du doute,
et par suite de ce droit une liberté et
une commodité plus grandes pour ar-
ranger, distribuer leurs raisonnements
et leur donner une force qui ne vient
pas toujours de la logique absolue. Ils
ont en face d'eux des adversaires placés
sur tous les terrains; disposant des sé-
ductions intellectuelles de la science, des
arts, de l'économie politique, de l'histoire, de la connaissance de l'homme,
de la philologie ; mais ils ont la faculté
de ne point s'engager sur ces terrains et

de prétendre y voir l'erreur et la four-
berie sataniques.

Telles sont les limites qui, fortifiant et
affaiblissant en même temps l'éloquence
chrétienne, rendent difficiles à nos prédicateurs de renouveler un thème et des
formes toujours reproduits depuis des
siècles.

La menace, la colère, quelquefois l'in-
vective, le reproche, l'épouvante, l'a-
postrophe continuelle sont des éléments
puissants, certains, d'éloquence ; mais
accompagnés toujours du même appa-
reil, portant toujours sur les mêmes
points, ils amènent la satiété et n'émeu-
vent plus. Aussi faut-il savoir gré au
P. Félix, au point de vue artistique,
d'avoir essayé de prendre le taureau par
les cornes et d'avoir attaqué le siècle à
l'endroit sensible , à l'endroit du progrès.

Les journaux du parti firent grand

bruit des conférences de leur Père jésuite, dès le commencement, et ne man-
quèrent point de signaler à chaque
séance, la présence d'un illustre philosophe qu'on ne nommait pas et qui venait là pour se préparer à sa conversion.

Les catholiques se sont toujours donné cette innocente satisfaction d'inven-
ter un philosophe dompté par la parole
de leurs prédicateurs.

Du reste ils ont pour système d'atta-
taquer très-violemment les idées et les
choses en complimentant les individus.
Système trop courtois pour qu'on puisse
le blâmer. Le P. Félix est de ceux qui
ont le plus largement usé du système
courtois. Il a honni et traité avec un
mépris amusant toutes les idées scienti-
fiques, artistiques, politiques, industriel-
les de l'époque, idées derrière chacune
desquelles est un homme qui reçoit tous
les projectiles adressés à ces idées, et

le P. Félix n'a jamais oublié de prier
qu'on voulût bien ne pas voir de personnalités dans ses paroles, ni oublié d'appeler grands génies, hommes illustres,
les gens dont il déclarait les actions ou
les œuvres absurdes, ridicules, perver-
ses.

— « Je ne fais ni allusions ni personnalités, » s'écrie à chaque instant le
P. Félix du haut de sa chaire. Mais son
auditoire ne le croit évidemment pas et
continue à mettre les hommes à côté de
leurs choses.

Le succès du prédicateur crut en pro-
portion de l'application directe de ses
discours aux faits contemporains. La
première année, l'année 1856, ne fit
qu'allécher les auditeurs. Le P. Félix
déroula son programme durant le cours
des Conférences de 1856, et l'on vint
pour connaître ce qu'il promettait en fait
d'allusions ou de flagellations directes.

Ce fut en 1857 qu'il atteignit l'apogée
de son succès parce qu'il parla de la crinoline, de la Bourse et de la débauche.
En 1858 le public fut plus froid, il n'é-
tait question que de vertus chrétiennes
en opposition aux vices du faux progrès;
en 1859 l'intérêt reprit, l'orateur catholique abordait les questions politiques;
en 1860 enfin l'intérêt a semblé dimi-
nuer, le prédicateur s'étant attaché à
l'examen de la famille.

Le P. Félix, qui est un homme de
beaucoup d'esprit, reconnaît que pour
réussir, l'orateur chrétien doit se soumettre à la loi de *l'actualité*, et il en a
tiré, en effet, un grand parti. Ce n'est
pas une âme violente ou tendre, c'est
un esprit ingénieux, mais un peu pro-
lixe et manquant d'un accent qui lui soit
personnel. Il a su trouver la voix qui
convenait à un tel tempérament, et
s'est placé très-haut parmi les défen-

seurs de l'Église en péril. Depuis que l'Église a quitté son rôle de conquérante pour se restreindre à la défense, elle a dû faire de grands efforts d'invention artistique pour multiplier ses ressources, et le P. Félix est peut-être de tous les catholiques celui qui a le plus fait preuve de cette invention.

Nous allons le suivre dans sa prédication, qui montrera sinon sa vie, au moins son intelligence, et qui a cela de particulièrement intéressant, qu'elle embrasse le résumé de toutes les idées, toutes les tendances, tous les désirs, et toutes les manœuvres de l'Église contemporaine. Nous ne discutons pas, nous assistons à un spectacle curieux et nous l'analysons.

En 1856, le P. Félix débuta donc par une *surprise*. Il n'y a rien de plus légitime que le Progrès, fut sa première parole.

Comment va s'en tirer le bon Père jésuite, se demandèrent les amis alarmés de ce qui leur semblait un changement de front imprudent, et les adversaires étonnés d'un mot qu'aucune bouche chrétienne n'aurait osé prononcer?

Mais bientôt, il rassura les uns et cessa d'étonner les autres. L'homme a légitimement l'ambition d'être parfait, c'est-à-dire de se rapprocher de Dieu, et c'est Dieu même qui a mis cette ambition au cœur de l'homme, ajouta-t-il; mais le Progrès est la fascination et le danger de l'humanité, si elle se trompe pour le réaliser. Le seul chemin c'est le christianisme, puisqu'il a été ouvert par Dieu même vers lequel l'homme doit aller ; et c'est par les lois politiques, sociales et économiques dérivant du christianisme et préparées par l'Église, que l'humanité pourra seulement réaliser le progrès.

Peut-être le P. Félix, fidèle observateur des lois *d'actualité* qui créent le succès rapide et immédiat des livres et des discours à cette époque, a-t-il eu tort de ne pas imiter les moyens qu'emploient beaucoup de romanciers pour tenir en haleine la curiosité du public, c'est-à-dire de ne pas laisser entrevoir leur dénouement, l'enchaînement de leur action et de laisser les lecteurs livrés au mystère et à l'inconnu jusqu'à la fin, presque.

Il aurait eu là une combinaison et un effet de rhétorique bien plus vigoureux. Il n'y a rien de plus légitime que le Progrès aurait-il dit, puis il eût décrit toutes les manifestations du progrès à cette époque, laissant croire qu'elles étaient légitimes à leur tour. L'auditoire, haletant, stupéfait, anxieux d'une conclusion suspendue et cachée, aurait été en proie aux plus grands troubles.

D'une part, les catholiques pleins d'effroi d'être mis en connivence avec la Révolution, de l'autre les adversaires de l'Église, ravis de voir un prêtre leur donner la main, leur tendre son bouclier et son glaive spirituels. Puis tout à coup : Non, non, se serait écrié le prédicateur, ce n'est pas là le Progrès, c'est Satan, et voilà ces craintes arrivées à leurs dernières angoisses soudainement calmées, et ces joies parvenues à leurs plus grande exaltation, subitement renversées.

Ainsi, au fond, le P. Félix a manqué d'habileté, il a affaibli, sans s'en douter, le force du coup qu'il pouvait porter. Si son esprit avait envisagé plus froidement les combinaisons du sujet et ne s'était laisser dominer par l'impatience de le produire aussitôt, il eût décuplé l'impression qu'il se proposait de soulever.

Mais le P. Félix, qui a des idées, n'a pas tout à fait le génie oratoire. Il manque de nerf et de relief dans ses expressions. Son éloquence n'est pas spontanée, elle est combinée artificiellement. Il accumule ces éléments dont nous avons parlé, mais ne les distribue pas d'une manière sûre. Il veut toujours frapper, et ne frappe plus par la seule vertu de l'expression. Parfois il est vague, diffus, pénible dans ses efforts. S'il a renouvelé en partie les idées et le thème de la prédication, il n'en a pas renouvelé les procédés. C'est toujours la phrase latine ou le mot à effet, répété litaniquement de verset en verset, de paragraphe en paragraphe ; c'est toujours l'exclamation, ah ! puis l'apostrophe personnelle intervenant outre mesure. Le P. Félix est un esprit net et subtil qui, dès qu'il sort de la critique et de la dissertation, ne peut rencontrer l'enthousiasme, l'emportement

ou la tendresse artistique ; les formules
élégantes qu'il emploie alors sont froides,
et s'il en cherche d'autres, elles sont em-
brouillées. Voulant dire comment Dieu
a donné à l'homme l'ambition d'être parfait, voici sa phrase : « Dieu, en effet, a
touché le fond de l'âme humaine, il y a
jeté avec son propre reflet un charme de
lui-même. » Il est impossible d'être plus
vague, et le P. Félix se heurte manifes-
tement à son impuissance chaque fois
qu'il veut décrire en poëte les rapports
intimes entre l'homme et Dieu.

Mais ce n'est là qu'un point secon-
daire; si le P. Félix n'est pas le plus éloquent, le plus vigoureux des prédicateurs, il en est le plus ingénieux, et il
est l'esprit catholique qui a rassemblé le
plus complétement l'exposition du christianisme. Immense mérite aux yeux de
qui voudra défendre ou attaquer de nouveau l'Église.

Après avoir surpris, puis immédiate-
ment renseigné son auditoire, le P. Félix
continua en affirmant que personne ne
savait ce qu'était au juste le Progrès, et
que personne n'avait pu appliquer ce
mot, ni philosophes, ni artistes, ni savants, et il déclara que le christianisme
n'était autre que le progrès lui-même,
par la raison que le Progrès c'est Jésus-
Christ vivant dans l'homme, Jésus-Christ
s'incorporant à l'humanité et incorporant l'humanité à lui-même. Afin de développer cette idée, suffisamment claire
pour les catholiques purs, mais moins
saisissable pour le public des Conférences, qui est d'un catholicisme mélangé ;
le prédicateur commença par le commencement, par la *création*. Il repro-
cha vivement au rationalisme et au pan-
théisme de ne rien indiquer de précis sur
ce fait primordial, et il accusa les philosophes d'orgueil, d'ignorance et de mau-

vaise foi, parce qu'ils ne peuvent rien affirmer, et se contentent d'hypothèses contradictoires et ne veulent pas avouer qu'ils ne savent rien.

Car s'ils avouaient qu'ils ne savent rien, quelle objection pourraient-ils apporter à l'Église qui sait, qui a une explication, et une explication qui repose sur des *faits*, tandis qu'ils n'ont, eux, pas de faits pour étayer leurs suppositions. Donc ignorance, puisqu'ils ne savent rien ; mauvaise foi, puisque, ne sachant rien, ils repoussent l'explication de ceux qui savent, et orgueil impie, car cette explication qu'ils rejettent, ces *faits* qu'ils n'admettent pas, ont été révélés par Dieu même.

Une fois la création prouvée, c'est la chute qui explique le progrès. Après la chute, l'homme tombe de vice en vice, de décadence en décadence, ce qui le prouve c'est que son état s'appelant

chute, ne serait pas justifié si on voyait
les choses autrement, et que comme
la chute est un fait révélé et incontestable, il faut voir les choses ainsi, lors
même qu'elles ne sembleraient pas en
avoir l'aspect. Ici, le Père Félix se fâcha vivement contre le système du
mythe, que des philosophes poétiques
ont appliqué aux religions. Le *mythe*
est un des plus grands tracas des catholiques, et quiconque reprend la thèse
du mythe, leur est plus horrible qu'un
démagogue et surtout qu'un voltairien.

La chute donne en même temps à
l'homme le désir inextinguible de reve-
nir à l'état de perfection qu'il a perdu,
de là tendance au Progrès ; enfin Dieu
permet la rédemption, de là liberté pour
l'homme de réaliser sa tendance, d'ac-
complir le Progrès.

Voici donc l'histoire du point de départ du Progrès éclaircie, ses racines

sont rigoureusement définies, elles sont
absolues, en dehors de là, le progrès
n'est plus concevable, définissable. Et,
en effet, le Père Félix fit ressortir que
toutes les personnes qui voulaient expliquer le terme du progrès se servent
du mot indéfini. Progrès indéfini. Le
Père Félix fit une énumération très-
plaisante de toutes les sauces auxquelles
on a mis ce malheureux mot : indéfini,
et égaya beaucoup l'auditoire. Puis il
employa un argument qui, sans qu'il y
fît attention, participa à ce comique
d'où il sortait.

Le Progrès ne peut pas être indéfini,
car l'origine du mot progrès est dans
Progressus. Progressus veut dire s'a-
vancer vers un terme ; s'il n'y avait
point de terme, *progressus* ou progrès
n'existerait pas ; or, comme progression
existe, il faut absolument un terme. On
ne saurait supposer que Dieu ne sait ce

qu'il fait, et nous ferait marcher pour
n'arriver nulle part, dans un chemin
qui ne se termine pas, alors, il n'y
aurait pas de progrès. Or, comme le
Progrès est, en vertu du catholicisme,
il lui faut un terme, de même que le
terme est nécessaire pour que le Progrès
soit. Ce terme, les philosophes ne le
connaissent pas, et ils en concluent qu'il
n'existe pas, détruisant eux-mêmes,
contredisant, par l'épithète d'indéfini,
le mot progrès qu'ils ont mis en avant.
Les chrétiens le connaissent ; ce terme,
c'est Dieu. L'homme créé de Dieu doit
retourner à Dieu par la Foi, l'Espé-
rance et la Charité. Il doit y retourner
et vivre avec lui dans une éternelle béa-
tification représentée par le paradis, ou
en être éternellement repoussé dans une
douleur sans fin, qui a pour expression
l'enfer.

Il est certain que cette dissertation

sur *progressus* pèche par l'élévation et
la grandeur ; elle est mesquine et n'aurait pas dû figurer dans un discours
aussi important. D'autant plus que le
P. Félix avait, comme tous les orateurs
chrétiens, à sa disposition les mots so-
lennels qui s'appliquent aux apologies du
christianisme et les relèvent de toutes
leurs pompe, leurs majestés propres. Ces
mots, tels que tressaillements, gloire,
cime, lumière, aspiration, divin, sacri-
fice, ciel, puissance, ténèbres, bassesse,
perversité, orgueil, délire, fascination,
superbe, blasphème et satanique ; le
P. Félix qui en use comme doit en user
tout prédicateur, eût mieux fait de leur
donner en cette circonstance le pas sur
progressus et la discussion grammaticale qui l'accompagne. Ayant défini
l'essence du Progrès, son principe et son
terme, le P. Félix commença à l'exami-
ner dans ses modes et dans sa réalisa-

tion, sous ses formes parallèles de progrès matériel, progrès intellectuel, progrès social, auxquels il juxta-posa le
progrès moral, comme couronnement,
base et centre.

Passant en revue l'état de l'industrie,
le P. Félix déclara que le progrès matériel de ce temps était l'œuvre de Satan
et abaissait les âmes.

Entre l'Exposition universelle et la
ruine de Sébastopol, au moment de la
plus grande splendeur de la France, il
déclara qu'il avait peur de l'avenir.

A ce moment, l'intérêt fut vivement
excité, l'actualité surgissait de plus en
plus parmi le sujet de l'intelligent prédicateur; toutes les oreilles furent atten-
tives; mais le P. Félix ne s'arrêta pas
sur cette crainte ; il ne désespéra pas.
« Nous pouvons encore être sauvés, si
vous le voulez, vous qui m'écoutez, »
dit-il.

Il tardait au P. Félix de mettre le doigt sur la plaie catholique.

Ne croyez pas, poursuivit-il, que nous combattions l'industrie ; on a prétendu, en effet, que nous proscrivions l'industrie; bien au contraire, le christianisme l'a prescrite. Dieu a dit : Croissez et multipliez, remplissez la terre et soumettez-la ; régnez sur les oiseaux, les poissons et la mer, etc. Jésus-Christ l'a prescrite implicitement en déclarant à ses disciples qu'après qu'ils se seraient occupés de gagner les biens·du ciel, tous les autres biens leur viendraient à la suite.

Mais le christianisme ne veut pas que le progrès matériel domine le monde. Mais à quoi reconnaître ce débordement du progrès matériel, comment déterminer la limite dans laquelle il est légitime, au delà de laquelle il devient satanique? Le P. Félix dit qu'il était impossible de la tracer et qu'il ne l'entreprendrait pas, mais qu'on sentait bien que le progrès matériel débordait et dominait en ce moment le progrès des âmes. Il en fit un sombre tableau, et termina en s'écriant : « Est-ce clair, Messieurs , est-ce clair ? c'est-à-dire, après avoir déclaré qu'il était impossible de tracer la limite nécessaire du progrès matériel, ne venai-je pas de vous prouver qu'elle avait été dépassée ? »

C'est que le P. Félix ne s'inquiétait pas d'une contradiction, qui n'a du reste de valeur que pour quelqu'un qui tient à la démonstration du Progrès, par la signification grammaticale de *progressus* et qui se montre si rigoureux dans ses déductions. Cette contradiction ne l'inquiétait pas parce qu'il lui tardait de toucher au point brûlant ; enfin le grand mot fut lâché. Tout grand industriel gouverne des âmes ; l'industrie est donc devenue une puissance dangereuse. Or, que doivent faire en pareille occurrence les chrétiens, eux qui composent la première aristocratie de l'humanité? combattre l'industrie, la laisser passer, ou y prendre part?

« Ne l'attaquez pas, dit le P. Félix, elle est si forte qu'elle vous tuerait. Ne vous abstenez pas, vous auriez d'éternels reproches à vous faire, dirigez-la, car elle commence à marcher contre vous, dégrade l'âme et le corps de l'ouvrier, les arrache à l'Église pour les mener au vice. Quand l'industrie sera aux mains des catholiques, le sort des ouvriers sera adouci par l'esprit chrétien qui présidera au gouvernement des maîtres. »

Ce n'est pas le progrès matériel qu'il nous faut maintenant, c'est la réforme morale, quand vous serez tous vertueux, ajouta le P. Félix avec assez de naïveté,

vous serez tous façonnés à l'obéissance,
et vous n'aurez plus de répugnance à
laisser l'Église vous diriger dans le
bien.

Le P. Félix a démontré durant le
cours de toute sa prédication la même
franchise intrépide, dont nous donne-
rons encore quelques exemples signi-
ficatifs et curieux. Il serait à souhaiter,
du reste, que de toutes parts parmi
les combattants de tous les partis,
de toutes les tendances, s'élevât une pareille franchise de sentiments, une pareille candeur de désirs et d'espérances.

Quant à ce qui regarde le progrès intellectuel, qu'il nous soit permis de croire
que le P. Félix ne s'y entend pas très-
bien et qu'on ferait de mauvais savants et
de mauvais artistes en les soumettant
aux lois restrictives des catholiques.

Les catholiques triomphent plus facilement sur le terrain du progrès social.

Beaucoup de sceptiques pensent qu'il serait déplorable que l'énergique barrière que le catholicisme est forcé, par nécessité de vie ou de mort, d'opposer aux folies, aux appétits, aux passions déchaînés, fût à jamais renversée, car nulle résistance organisée et efficace ne remplacerait peut-être la leur. Ces indifférents parlent en contemplateurs que l'ordre satisfait plus que le désordre et qui y trouvent le calme pour l'âme, l'harmonie pour les yeux et la hiérarchie pour l'analyse.

Que le frein soit toujours en équilibre avec la révolte, afin de multiplier les incidents de la vie de l'humanité et d'aiguiser les ressources de l'esprit humain devant un combat toujours croissant. Voilà un mouvement violent, fécond en spectacles sans que l'ordre cesse d'exister. Qu'à l'absurde démagogie éternellement soulevée résiste l'inflexible catho-

licisme éternellement fixé, qui pourrait
s'en affliger ? disent ces philosophes de
la secte du Seigneur.

Toutefois le P. Félix fit voir une *férocité* tout imprégnée des souvenirs de
M. de Maistre en établissant les lois
préliminaires des gouvernements et des
gouvernés, *férocité* peut-être un peu
tard venue pour être bien effrayante.

Il exposa que les passions ne pouvaient régner dans les sociétés sous peins
d'y jeter le désordre, et que, par conséquent, elles devraient être réprimées
soit librement et individuellement, soit
par la force et socialement. Et il ajouta
en citant les opinions de Donoso Cortez,
que la compression sociale augmentait à
mesure que la compression morale dimi-
nuait, par une loi inexorable comme la
loi physique. Mais, déclara-t-il, cela n'a
rien de contraire à la liberté, la liberté
est tout entière dans la vertu. Soyez

vertueux, exercez une grande compression morale sur vous-mêmes, vous serez infailliblement libres, car ceux qui vous gouvernent n'ayant point à réprimer vos passions, ne vous imposeront ni gênes, ni entraves. Il est donc prouvé, dit le P. Félix, que les peuples en servitude sont des peuples immoraux qui ont mérité des tyrans. Après cet exposé de la liberté, le prédicateur peignit le tableau de nos passions, puis tour à tour avec horreur, dégoût et colère, les systèmes sociaux qui se sont produits au sein du monde du dix-neuvième siècle, et en conclut que nous méritions d'avoir le gouvernement que nous avions, ou plutôt que ce gouvernement était en rapport avec nos vices, et que des tyrans se préparaient pour nous dans l'ombre de l'avenir pour nous châtier et nous réprimer, puisque nous ne savions le faire de nous-mêmes. Décadence satanique et nulle part progrès, finit le P. Félix ; puis, voyant aux rumeurs qui agitaient son auditoire combien il est difficile de remuer sans inconvénients les sentiments politiques fermentant dans les esprits, mais ayant voulu néanmoins les rassurer au nom de la règle catholique, des désirs catholiques souvent imprudents et passionnés, il crut devoir apaiser pour la satisfaction des apparences l'émotion ainsi produite, il supplia que dans tous ces points actuels touchés si nettement, dans toutes ces attaques hardies dirigées contre les personnes et les choses, personne ni nulle chose ne se crût attaqué, et il déclara qu'il n'avait appliqué qu'oratoirement aux circonstances du moment de simples hypothèses, qu'il espérait ne point être justes.

Ici la franchise fit défaut, de sorte que cette franchise que nous loueions tout à l'heure, est peut-être une franchise involontaire. Mais comment l'imaginer involontaire ? N'est-il pas clair que la franchise ne se montre que là où il y a bénéfice à la proclamer, et qu'elle se désavoue là où il y aurait un certain danger actuel à l'affirmer. Le prédicateur dit tout ce que pense l'Église, les alliés qu'elle veut se faire, les choses qu'elle désire renverser; mais il proclame son *innocence*, et n'a voulu menacer, inquiéter, appeler personne : « Je suis si faible, à qui pourrais-je nuire, et comment penser que Jésus-Christ qui parle par ma voix, que Jésus-Christ qui est en face de vous dans ma personne, puisse vouloir se révolter contre quoi que ce soit de bien; je combats Satan, je ne vous combats pas, je parle dans la candeur de moi-même, je vous prémunis contre les fautes où vous pourriez tomber, je vous enseigne vos erreurs, je suis innocent,

que me reprocheriez-vous ? Vous pensez
voir tout un plan d'envahissement politique dans mes paroles, je n'en ai pas
parlé, du moins je ne crois pas, je ne
l'ai pas voulu. Je ne l'ai pas voulu, par
conséquent je ne l'ai pas fait. »

Aussi y a-t-il en écoutant les catholiques, de bonnes leçons à recueillir pour
apprendre à conserver la liberté de la parole sans qu'il y paraisse. Telle fut l'exis-
tence publique du P. Félix pendant l'année 1857. Les catholiques portèrent aux
nues un homme qui embrassait hardi-
ment après tout, la tâche de démontrer
la nécessité du christianisme dans la di-
rection de l'humanité, la nécessité de
remettre à l'Église la conduite du développement matériel, social et politique
des hommes ; cette démonstration s'or-
donnait sous la forme d'un vaste traité
général de l'homme et de la société, qui
n'était pas encore apparu parmi les œu-

vres et les tentatives chrétiennes, d'un
programme complet d'organisation et de
gouvernement qui n'avait pas encore
été élucidé au sein des chrétiens, armés
pour la guerre des idées.

Le plus fort des arguments du Père
Félix, en faveur de cette domination de
l'Église hautement revendiquée, vient
de ce que le Christianisme a pétri depuis
dix-huit cents ans, cette société qui tend
à lui échapper, l'a imprégnée de son essence, et qu'elle est ingrate envers l'É-
glise qui a été une mère pour elle, à
quelques exceptions près, provenant de
la faiblesse humaine indestructible. En
effet, elle sera difficile à concevoir l'é-
volution par laquelle cette société tout
entière, organisée par et pour le christianisme, échapperait au christianisme
sans anéantir préalablement celui-ci. Et
celui-ci puise sans cesse dans cette société qui lui résiste en lui appartenant,

des forces pour la soumettre ou la rete-
nir. En luttant contre lui, elle ne peut
s'empêcher de lui livrer des armes. Conclusion qui ressort du témoignage du
Père Félix.

La large introduction jetée par le Père
Félix dans le cours du carême 1856,
avait préoccupé les esprits réfléchis; sa
prédication de 1857 séduisit davantage,
par le côté immédiat et pratique, la foule
purement curieuse.

L'archevêque de Paris venait d'être
assassiné, le Père Félix exprima sa douleur de se voir séparé de celui qui l'avait
béni et encouragé à poursuivre sa mission.

La grande formule économique du
siècle, prétendit-il, est : produire indéfiniment pour jouir indéfiniment. Le prédicateur continuait sa guerre contre l'indéfini. Il n'eut pas de peine à prouver
qu'une pareille doctrine découlait de l'or-

gueil satanique et était entièrement op-
posée à l'esprit chrétien. Il y signala la
domination de la concupiscence sur les
âmes, et voulut montrer les dangers
auxquels on s'exposait et les périls déjà
survenus.

Par une pensée ingénieuse, il fit
craindre que les forces gigantesques de
la matière, mises en mouvement par les
hommes, ne se retournassent contre
l'humanité, entre les mains de quelques
êtres pervers animés par Satan. Alors,
toutes ces inventions arrivées à leur plus
haut degré de puissance, l'électricité, la
vapeur, la foudre, deviendraient, sous la
volonté de quelques fous effroyables, les
engins d'une destruction inouïe, la destruction de l'humanité, spectacle que se
donnerait quelque Néron perfectionné
par le Progrès. Vous voyez donc bien,
dit le prédicateur, que le progrès matériel n'est pas absolument bon, puisqu'il

porte dans ses propres flancs la menace
d'une catastrophe irrémédiable.

Il montra, poussés par cette formule :
produire indéfiniment pour jouir indéfiniment, les riches écrasant les pauvres
de travail, et les jetant dans un désespoir gros de sinistres révoltes.

Il n'eut qu'un tort, celui de parler de
l'Icarie de M. Cabet, alors que ce pauvre
homme n'était plus qu'un être comique
et ridiculisé dont personne ne s'occupait
plus.

Le Père Félix eut plus de fièvre en
1857, il accumula les choses les unes
sur les autres. Il expliqua la nécessité
de la révolution chrétienne pour réparer
les désordres du paganisme, et il attri-
bua la révolution de 1789 à Satan, re-
fusant d'ailleurs, faute d'opportunité,
de s'expliquer davantage sur la nécessité ou la non-nécessité de ce grand
mouvement du dix-huitième siècle.

Il attaqua le sensualisme et reprit le procès des arts et de la littérature, parla du roman, du théâtre, de la peinture, ne vit partout que médiocrité ou illusion infernale qui donnait une fausse beauté à des œuvres impies.

Il parla de la cupidité, du jeu, des marchands, de la Bourse et fit le tableau amer de la dégradation des banquiers que cent millions gagnés ne pouvaient relever même à leurs propres yeux et qui cherchaient des fils de nobles pour leurs filles, croyant, espérant réparer cette dégradation.

Il attaqua vivement les mariages de raison, et par une spirituelle peinture des négociations dont ils sont l'objet, amusa son auditoire.

Alors il se fâcha contre ceux qui le trouvaient spirituel et les accusa de ne point pleurer.

A ce moment son rôle était facile, le

rôle de misanthrope et de satirique, et l'on se demandait : Savez-vous quel jour le P. Félix doit parler des crinolines, quel jour il abordera les tables tournantes et les esprits frappeurs?

En effet, la crinoline et les tables tournantes vinrent défiler dans la revue des choses du siècle, les femmes furent frappées et les savants humiliés.

Le vice apparut partout, débordant, effroyable, et aux envahissements du vice le prédicateur opposa la barrière de la vertu chrétienne, disant que l'intervention chrétienne élevant les âmes plus haut que la hauteur du progrès matériel, celui-ci se restreindrait à des limites plus resserrées.

A Paris il entre dix mille personnes par jour à la Bourse, peut-être quinze, peut-être vingt mille. La population est de quinze cent mille âmes, cela ne fait donc encore qu'un grand vicieux sur

quatre-vingts ou cent personnes. Peut-
être le siècle n'est-il pas si irréparable-
ment rongé de la lèpre , peut-être est-il
plus moral que les dix-huit siècles précé-
dents du Christianisme? à coup sûr il ne
l'est pas moins, car tous les orateurs
chrétiens ont successivement accusé leur
siècle et lui ont reproché les vices qu'on
trouve à celui-ci, les mêmes vices. Le
tableau du mal a toujours eu la même
énergie, sous la parole de tous les prédicateurs, depuis le premier siècle chrétien
jusqu'au dix-neuvième, ce qui porterait
à croire que le mal a toujours été égal.

Les femmes et les gens curieux con-
firmèrent le succès du P. Félix en 1857;
en 1858 il appartint davantage aux
natures austères : son sujet comportait
le progrès moral par les vertus chrétiennes.

Le début fut une plaisanterie bien di-
rigée contre M. Michelet et ses disciples

(tout le monde y a passé), qui se préten-
dent chrétiens parce qu'ils aiment à con-
templer un tableau de Raphaël, à se pro-
mener au bord d'une rivière agréable et
à lire Voltaire, et qui intitulent leurs
doctrines : la foi nouvelle cherchée dans
l'art.

Dans cette année 1858, le Père Félix
a, par exemple, laissé échapper quelques
mots comiques. Il s'est arrêté longue-
ment sur les saints et s'est indigné qu'on
ne leur attribuât pas exclusivement le
titre de grands hommes. « Chaque fois,
dit-il, que les saints ont été mêlés aux
affaires humaines, ils ont surpassé par la
grâce divine tous les autres hommes ;
saint Louis, saint Ferdinand, saint
Édouard n'ont-ils pas été les plus grands
capitaines ? » César et Napoléon Ier, sans
compter tant d'autres, ont été évidemment effacés de la mémoire du prédicateur. Entraîné par le sujet des saints,

le P. Félix en fit le dénombrement.
« A côté des saints officiels, dit-il, il est
bien permis de supposer qu'il y en eut
d'autres demeurés ignorés. Il est évident
qu'on peut les estimer sans exagération
au nombre d'un million par siècle, ce
qui pour dix-neuf siècles fait vingt millions de saints ; qu'on pense que tous ces
saints étaient doués par la grâce divine
d'exceller chacun dans la partie où Jésus-Christ les avait placés, et qu'on re-
connaisse que tout le développement légitime de la civilisation n'a pu venir que
par eux, que par le Christianisme. »

Cette arithmétique de la sainteté fait
une étrange figure parmi ces grands dé-
veloppements ; un esprit malin semble
avoir troublé l'intelligence du P. Félix
et glissé sournoisement parmi la gravité
du bon Père jésuite un accès de gaie
étourderie. Mais, en y réfléchissant bien,.
on voit cependant comme se confirme

la qualification d'ingénieux que nous avons donnée au prédicateur.

Le P. Félix explique ensuite les vertus chrétiennes et leur efficacité incontestable.

Les Conférences se terminèrent par une quête au profit d'une œuvre fondée pour secourir les épileptiques.

En 1859, l'orateur aborda la thèse de l'organisation politique et sociale par le Christianisme.

« Quelques-uns, dit-il, s'étudieront à deviner le nom de mon parti et la couleur de mon drapeau ; j'userai de mon droit et ferai mieux mon devoir en vous les laissant ignorer..., je suis du parti de Dieu et de la France ; je porte le drapeau de Jésus-Christ et de la société... »

Soit; mais à quoi bon cette contradiction ? S'il est vrai que le P. Félix veuille laisser ignorer son parti et son drapeau,

il n'est donc pas vrai que le parti de
la France et le drapeau de la société
soient les siens. Ceci est un oubli, une
affaire de correction pour la prochaine
édition et sur laquelle il est inutile de
s'appesantir. Nous signalons seulement
au P. Félix une faute légère de goût
littéraire.

Le P. Félix continua à se défendre
vivement d'allusions et de personnalités;
nul orateur ne s'en est plus défendu que
lui, à quoi bon encore ? pourquoi s'amu-
ser à passer en contrebande ce qui a
libre circulation?

Les questions développées en 1859
par le prédicateur furent chaudes.

Plus que jamais d'après lui l'autorité
fut nécessaire dans notre temps agité.
Et comme si les faits ne suffisaient pas à
légitimer seuls l'autorité, le P. Félix eut
encore recours au sens grammatical du
mot autorité pour en établir la nécessité.

L'affection du bon Père jésuite pour
la philologie est peut-être excessive,
mais elle vient d'un esprit abondant qui
ne néglige aucun genre de preuves.
Autorité vient donc d'auteur, et auteur
ne signifie autre chose que créateur. Or,
le créateur est le maître de ce qu'il a
créé, témoin Dieu, qui est la suprême
manifestation de l'autorité.

Par analogie, lorsqu'à une époque de
dissolution et de décadence apparaît un
homme qui rétablit l'ordre, cet homme
est un créateur, il crée l'ordre, la liberté,
la fécondité, et il en dispose, qu'il soit
choisi par l'élection d'une nation, qu'il
occupe un trône du droit de la naissance
ou qu'il intervienne de lui-même envoyé
de Dieu. Toutefois la force matérielle
dont il dispose pour ses créations ne doit
être qu'un moyen accessoire de l'autorité, elle ne doit pas être l'autorité sociale, sous peine d'excès.

Tels sont la légitimité et l'état de l'autorité. Comment elle produit l'ordre, la liberté et la fécondité, le P. Félix le démontre facilement. Quant à la liberté, elle la crée par sa propre action, par son mouvement particulier, son rôle même qui est de préserver la liberté de chacun contre les envahissements de tous. La stabilité et le mouvement combinés, l'ordre et la liberté préparent la fécondité qui ne saurait se développer sans ces tuteurs indispensables.

L'autorité étant en elle-même une chose légitime et nécessaire, tous les genres d'autorités sont solidaires; qui en frappe une frappe toutes les autres.

Si auteur n'avait pas voulu dire créateur, est-ce que toutes ces déductions habilement enchaînées seraient fausses. Le point de départ est au moins singulier, presque mesquin encore : c'est baser la solidité sur une pointe d'aiguille. Ja-

mais Bossuet n'eût eu une pareille pensée.

Toutes les autorités sont solidaires,
qui en frappe une attaque toutes les autres. Luther se lève contre l'autorité du
Pape, il engendre fatalement Voltaire,
qui veut détruire Jésus-Christ. Le démon révolutionnaire déchaîné ne s'arrête
plus, il attaque les princes, il ne s'arrête
plus, il en veut à la propriété.

« Alors heureusement, dit avec amer-
tume le P. Félix, ces bons propriétaires
qui se souciaient fort peu des rois et de
la religion et les laissaient se débattre,
sentirent qu'il était temps de se défendre
et ils prirent les armes à leur tour. »

Le P. Félix se plaignit en même
temps des journalistes, fils de Satan révolutionnaire « ce monde de lettres, occupé
chaque jour à écrire des calomnies, des
mensonges, des invectives qui s'en vont
frapper tantôt avec audace, tantôt avec

hypocrisie, ici une autorité civile, là une autorité politique. »

Et il s'écria : « Magistrats, fonctionnaires, capitaines, prêtres, rois, empereurs et pontifes, soyez solidaires et donnez-vous la main pour lutter contre le démon révolutionnaire. »

Le P. Félix entra ensuite sur un terrain plus brûlant encore. « Où est la source de l'autorité? demanda-t-il ; en celui que mon cœur aime et que mon âme adore, en Jésus-Christ. Jésus-Christ c'est l'Église. Tant que Jésus-Christ, tant que l'Église sera aimée, respectée, obéie, l'autorité recevra même amour, même respect, même obéissance. »

Jésus-Christ a mis le *divin* dans le principe d'autorité, il a ôté les âmes au pouvoir humain pour en faire un gouvernement à part, qui appartient à l'Église, à lui-même. Par son propre exemple et par la divinité qu'il a mise dans l'autorité, il a fait de la puissance un dévouement, de la plus grande puissance le plus grand dévouement ; le titre du Pape est *servus servorum*, le serviteur des serviteurs.

Puisque le christianisme est l'unique guide de l'humanité dans le progrès, et puisque l'Église est investie de l'autorité de Jésus-Christ, l'humanité ne sera en progrès ou en décadence que selon son attitude vis-à-vis l'Église.

C'est donc le tort, le vice, le crime, le sacrilége, la décadence de l'époque, que repousser l'Église de la législature, de l'administration, des chambres, des tribunaux, des conseils d'État et des ministères.

« Et cependant, dit le P. Félix, les princes, même hérétiques, schismatiques et apostats, n'ont pas d'alliée plus fidèle, d'amie plus utile. Tandis que le pouvoir humain réprime le mal, l'Église dirige et développe le bien. Alliance nécessaire, indissoluble, sans aveuglement de la part des princes. » Cette parole catholique est grave, c'est le plus grand cri de désespoir que l'Église ait jamais jeté.

«Et, ajouta le P. Félix, l'Église catholique seule vous est utile, sa vie vous est indispensable, car seule elle est autorité comme les rois. La révolution attaque l'Église pour renverser plus facilement les rois ensuite. »

Après ce grand cri, tout semblera faible. Le Père Félix discuta la liberté chrétienne, il la définit, la liberté de choisir entre le bien et le mal, liberté qui veut, pour être parfaite, que le mal soit supprimé, et entre autres formes du mal, celle qu'on appelle à tort la libre pensée.

Quant à la limite où doit s'arrêter le combat contre le mal, le prédicateur déclara qu'il ne lui appartenait pas de la fixer. On a déjà vu que, pour plus de commodité, l'Église ne se chargeait pas de définir la limite à partir de laquelle le progrès matériel devient un excès. Elle se réserve également de ne pas définir le mal et la limite où il s'arrête. Cependant, le Père Félix sait si bien définir et il a donné tant de définitions diverses, qu'il aurait bien pu y ajouter ces deux dernières. Mais il est le juge qui décide des définitions utiles et des définitions inutiles. Ce qui rend inutile, selon le prédicateur, de définir le mal, c'est que le christianisme détermine rigoureusement le bien. Le christianisme ne peut former, par conséquent, que les meilleurs princes, les meilleurs sujets et les meilleures lois.

Les princes étant forcément parfaits, ne contrarient nullement la liberté de leurs sujets parfaits aussi, qui n'excitent jamais la colère de leurs princes.

Aussi les princes chrétiens, qui, en vertu du principe d'autorité, ne peuvent être qu'absolus, n'ont jamais que la volonté d'avoir des sujets *libres*, tandis que les princes constitutionnels, par exemple, appuyés par Satan, n'ont jamais que la volonté d'avoir des sujets esclaves. Ce qui découle de la différence du principe d'autorité chrétien avec le principe d'autorité satanique.

A la suite de la liberté vint le tour de l'égalité, le Père Félix rendit le témoignage de la reconnaissance de l'Église actuelle envers le faubourg Saint-Germain, qu'il appela l'avant-garde de Jésus-Christ.

Enfin, la fraternité termina le cycle: l'Église étant appelée la mère de l'humanité, les hommes sont nécessairement ses enfants, nécessairement frères: les enfants d'une même mère sont frères.

La charité est la manifestation de la fraternité. Ici, le prédicateur choqua violemment en passant les économistes, et leur annonça une économie politique chrétienne qu'il préparait, et qui détruirait toutes leurs théories sur la production et la consommation.

A la fin de 1859, le Père Félix a publié ses Conférences en quatre volumes. Le Père de la Compagnie de Jésus s'y marque par une phraséologie d'adoration spéciale pour Jésus-Christ, dont le nom remplace presque partout le mot Dieu.

Pendant l'année 1860, enfin, le Père Félix s'est un peu répété lui-même au sujet de la famille. Il a fait allusion à la pièce de M. Dumas fils, *le Père prodigue*, et il a salué cet écrivain du titre de génie, mais par ironie probablement. Il a terminé ses Conférences de 1860 par une quête au profit des Polonais.

C'est un spectacle des plus saisissants que celui des efforts catholiques en ce temps, de cette trame sans cesse défaite, sans cesse refaite, de la grande Pénélope moderne, que ces essais d'un raisonnement absolument logique qui n'en reste pas moins soumis aux impuissances de la faiblesse humaine, étayant ses raisonnements tantôt sur l'arbitraire d'un mot, tantôt sur l'arbitraire d'un fait, tantôt sur des évidences et tantôt sur des théorêmes non démontrés, écartant ce qui la gêne, s'appuyant où il lui plaît, et se faisant un soutien de ce qui n'en peut être un, posant son point de départ à sa guise et concluant sans obstacles.

Jamais la nécessité d'une exégèse du catholicisme ne s'est plus radicalement manifestée que dans ces efforts de l'Église pour enfermer les intelligences dans la prison de la lettre morte.

Telle est, jusqu'à présent, l'œuvre du Père Félix, et on conviendra que le bon Père jésuite est une curiosité non moins qu'une autorité.

FIN

Paris 6 Mars

Monsieur

Je ne suis pas encore décidé
à publier mes Conférences.
Je ne pourrais donc pour
le présent m'entendre avec
vous sur ce point. Mon
premier Supérieur est
absent; je ne pourrais rien
statuer en son absence
Je reçois les hommes,
le Samedi de 3 a 6h; j'aurai
l'honneur de vous recevoir
si cela vous fait plaisir..

Agréez l'expression,
de mon profond respect

P. Félix S.J.

PORTRAITS HISTORIQUES AU XIXe SIÈCLE

EN VENTE

NAPOLÉON III.
ALEXANDRE II.
GÉNÉRAL CAVAIGNAC
DUCHESSE D'ORLÉANS
DELCARRETTO, ex-ministre du roi de Naples
DROUYN DE LHUYS.
LEDRU-ROLLIN.
PALMERSTON.
MONTALEMBERT.
LOUIS BLANC.
MANIN, ex-présid. de la république de Venise
MICHELET.
VICTOR HUGO.
SAINT-ARNAUD et CANROBERT.
ESPARTERO et O'DONNELL.
TALLEYRAND.

A. BLANQUI.
METTERNICH.
LOUIS-PHILIPPE.
FRÉDÉR.-GUILLAUME, roi de Prusse.
LAMENNAIS.
COMTE DE CHAMBORD
GUIZOT.
MADAME DE STAEL.
CHANGARNIER.
BENJAMIN CONSTANT
LE PRINCE A. GHIKA
CHATEAUBRIAND.
BÉRANGER.
M. THIERS.
ARMAND-CARREL.
LAMARTINE.
RÉCHID-PACHA.
PAUL-LOUIS COURIER
DUCHESSE DE BERRY.

NAPOLÉON 1er. 2 vol.
LAMORICIÈRE.
JULES FAVRE.
PIE IX.
ÉMILE DE GIRARDIN.
PROUDHON.
LAFAYETTE.
LA REINE VICTORIA.
EDGARD QUINET.
CASIMIR PÉRIER.
OSCAR Ier, roi de Suède
LES JOURNAUX sous l'Empire et la Restauration.
LES JOURNAUX sous le règne de Louis-Philippe.
LES JOURNAUX depuis mil huit cent quarante-huit.

2e SÉRIE

LE M^{al} PÉLISSIER.
LE PÈRE ENFANTIN.
LE PRINCE NAPOLÉON
LE P^{ce} DE JOINVILLE et LE DUC D'AUMALE
M. BERRYER.
M. DE MORNY.
M. VILLEMAIN.
LE M^{al} BOSQUET.
FERDINAND II.
LE Cte DE CAVOUR.

LES CHEFS DE CORPS DE L'ARMÉE D'ITALIE
GARIBALDI.
LOUIS KOSSUTH.
VICTOR-EMMANUEL II
L'IMPÉRAT. EUGENIE
LE PRINCE JÉROME BONAPARTE.
M. BAROCHE,
M. MOCQUARD
MAZZINI.

FRANÇOIS - JOSEPH, empereur d'Autriche.
LÉOPOLD, roi des Belges
Mgr DUPANLOUP.
LE VICOMTE DE LA GUÉRONNIÈRE.
M. ACHILLE FOULD.
M. ROULAND.
LE C^{al} ANTONELLI.
LE G^{al} DE PIMODAN.

SOUS PRESSE :

LE MARQUIS DE LA ROCHEJAQUELEIN.

LES FRÈRES PÉREIRE

CONDITIONS DE LA SOUSCRIPTION :

Une biographie complète paraissant tous les 15 et 30 de chaque mois.

Prix de chaque Biographie : 50 centimes.

En envoyant un bon de poste de 5 francs, on reçoit franco, aussitôt leur publication, dix biographies.

IMP. DE L. TINTERLIN ET Ce, RUE N^e-DES-BONS-ENFANTS, 3.

www.ingramcontent.com/pod-product-compliance
Lightning Source LLC
Chambersburg PA
CBHW051140050726
47594CB00003B/1176